OUVRAGE DÉDIÉ AUX CITOYENS

Composant le

GOUVERNEMENT DE LA DÉFENSE NATIONALE

Définition & Application

DE LA LOI

DU

SUFFRAGE UNIVERSEL

PAR

AUGUSTE NOURY

Vox populi, vox Dei

EN VENTE CHEZ TOUS LES LIBRAIRES

1871

Avant-Propos

Nous avons fait ce travail aussitôt que nous avons connu le décret du Gouvernement de la Défense nationale qui convoque le peuple dans ses colléges électoraux le 2 octobre 1870, à l'effet d'élire une Assemblée nationale constituante.

Nous espérons qu'on voudra nous tenir compte de la précipitation qui a présidé à la rédaction de cet écrit dont la forme n'est peut-être pas irréprochable. Comme compensation, nous sommes certain que les esprits sérieux qui voudront nous prêter leur attention trouveront, dans cette brochure, la solution scientifique du problème de l'organisation sociale.

NOTRE BUT

La République est proclamée, sachons la conserver.

Renonçons aux erreurs, aux préjugés, aux routines.

Fondons l'ordre nouveau sur des principes invariables, absolus.

Depuis soixante-dix ans nous avons eu deux républiques ; toutes deux ont abouti à l'Empire.

Pourquoi ?

Parce que nous avons été trop crédules, trop confiants ; parce que nous nous sommes fiés aux belles promesses et à l'extérieur honnête de fripons déguisés ; ils nous ont dit : *Nous vous jurons fidélité*. Nous les avons crus, et nous les avons faits les gardiens, les dépositaires de nos libertés ; ils nous les ont volées, et, pour nous ôter la force de les revendiquer, ils ont fait couler, à flots, le sang de nos veines pour nous affaiblir.

Après nous avoir mis les talons sur la gorge , ces Corses hypocrites ont encore essayé de corrompre nos mœurs, de nous avilir, de nous abâtardir pour mieux nous asservir.

Rien ne les a arrêtés ; pour assouvir leur insatiable ambition, ils ont tout profané, tout violé, tout parjuré : patrie, honneur, serment, tout !

Qui pourra jamais dresser la liste de leurs exactions et de leurs infamies !...

Pour ces larrons, la République fut un marchepied qui les éleva à l'Empire.

La concentration, en une seule main, des forces vives d'une nation, est un danger pour tout peuple qui veut conserver son indépendance et son autonomie.

Car, le pouvoir exécutif confié à un seul homme rend les abus trop dangereux, les moyens d'action trop puissants, et laisse la nation constamment exposée à un coup de main.

L'expérience nous démontre qu'en République un président est toujours un danger ; les pouvoirs dont il est investi changent trop facilement le chef en maître, et le maître en usurpateur ; qu'il s'appelle Cromwell, Napoléon ou Louis XIV, c'est-à-dire qu'il soit président, empereur ou roi, c'est toujours un tyran.

Donc, plus de président !

Le gouvernement du peuple par le peuple.

Que le *souverain* soit représenté par une chambre dont les membres seront le produit véritable du suffrage universel, et que l'*exécutif* soit confié à un ministère nommé, contrôlé et jugé par les élus de la nation, nous aurons ainsi ce que nous souhaitons de toutes nos forces : une République, forte, durable et honnête.

Pour arriver à constituer l'édifice social tel que nous le désirons tous, il faut lui donner une base solide, inébranlable, que le temps ne peut ni attaquer, ni détruire ; il faut, en un mot, rechercher, déterminer les principes, dont leur ensemble et leur ordonnation constituent, dans la science sociale, **LA LOI DU SUFFRAGE UNIVERSEL**.

Les sociétés sont régies par des lois aussi absolues, aussi immuables que celles qui président au mouvement et à l'harmonie des mondes ; seulement, ces lois, au lieu d'être physiques, sont toutes morales ; malgré cette différence, elles sont régies par le même principe, la **Nécessité**.

Si l'on admettait l'hypothèse contraire, il faudrait conclure que tout est muable et changeant dans la nature ; qu'il n'y a rien de stable, rien de fixe ; que ce qui est bien aujourd'hui ne le sera plus demain ; et que ce qui est réglé, avec nombre, poids et mesure, sera, dans un temps plus ou moins éloigné, confusion et chaos.

De pareilles idées sont rejetées par la science et la raison.

Que nous disent, en effet, les grands naturalistes, chimistes, astronomes, physiciens, tels que Lavoisier, Laplace, Arago, Buchner, Vogt, Gavarret, Ganot, etc.? Ils nous disent que les lois qui règlent les rapports des mondes sidéraux entre eux sont éternelles, comme les *forces* qui les produisent et la *matière* qui les subit.

Donc point de confusion possible : une loi n'est véritablement loi que lorsque, dans des conditions de temps et de lieux semblables, elle produit des phénomènes toujours identiques et absolument les mêmes.

C'est ainsi que la loi du suffrage universel ne produira toutes ses virtualités, c'est-à-dire un ordre de choses stable et inébranlable, qu'autant qu'elle sera comprise et appliquée dans toute son étendue, et dans le milieu propre à son complet épanouissement.

Du suffrage universel doit sortir l'institution sociale des peuples ; il est donc très important de bien le connaître, de bien le définir, afin que son application soit conforme aux aspirations que nous nous proposons de réaliser sous la forme républicaine.

Nous procéderons d'abord par voie d'analyse : nous étudierons séparément l'Électeur, la Commune, le Scrutin et le Député.

Nous indiquerons ensuite les rapports qui doivent exister entre ces principes, nous déterminerons leurs fonctions particulières et collectives ; enfin, reconstituant — par la synthèse — les diverses parties de la loi du suffrage universel, nous déterminerons les conditions de son application dans notre société.

Tel est le but patriotique que nous nous proposons d'atteindre dans ce travail, et nous croirons avoir rempli notre tâche, si nous parvenons à faire comprendre à nos concitoyens que le seul moyen de rendre la France libre, prospère et heureuse, c'est d'appliquer aux élections prochaines la loi du suffrage universel, non telle que chacun la comprend, mais telle que la science sociale la constate et la définit.

LE CITOYEN

Le Citoyen est un homme libre au triple point de vue politique, social et religieux. Rien ne peut et ne doit entraver son action dans l'exercice de son droit. Toucher au citoyen, c'est porter atteinte à la nation tout entière, c'est violer les bases fondamentales du pacte social et affaiblir la souveraineté populaire.

Les droits du citoyen au point de vue *politique* sont de dire et de faire tout ce qui peut contribuer à l'amélioration et à la conservation de la fortune *publique*. C'est, en outre, d'exiger la protection et le respect de sa famille, de sa personne, de sa propriété, de son foyer.

Au point de vue *social*, c'est de contracter, de s'associer, de faire, en un mot, tout ce qui peut améliorer sa position, sans toutefois que ses actes puissent porter préjudice à la collectivité.

Au point de vue *religieux*, c'est de choisir librement la religion ou le culte qui lui convient, ou de n'en pas avoir : sans que toutefois cette religion ou ce culte puissent devenir un danger pour le corps social, car les intérêts particuliers doivent — dans tous les cas — être immolés aux intérêts généraux.

Pour manifester sa volonté, le citoyen a voix *consultative* et *délibérative*, c'est-à-dire qu'il choisit son gouvernement, ses représentants, ses conseillers généraux, ses maires, en un mot tous les fonctionnaires chargés de l'administration de la chose publique.

Ce choix doit toujours être le résultat de sa libre décision : aucune pression, aucune influence ne doivent ébranler, affaiblir ou changer sa volonté, sans cela il n'est pas libre, et dès lors il perd sa capacité d'électeur, car il n'est plus que l'instrument aveugle d'un parti ou d'une faction. C'est avec sa conscience, avec sa raison que le citoyen doit délibérer, et s'il possède cette vertu civique, qui fait les hommes forts et les nations libres, le bien général devra toujours dicter son choix.

Pour que le citoyen possède cette autonomie, ou en d'autres termes, cette liberté de volonté et d'action qui en font une personne libre, il faut qu'il connaisse, avec ses droits, l'intégrité de ses devoirs.

Le premier des devoirs du citoyen, c'est de faire son instruction poli·ique, sociale et religieuse. La société ne lui doit que les moyens d'y parvenir, qui sont la liberté et la gratuité de l'enseignement primaire.

Le législateur peut rendre l'instruction *obligatoire* : mais c'est par pure sollicitude, et pour se mettre d'accord avec la logique de cette inscription, qui figure en tête du Code français : « Nul n'est censé ignorer la loi. » Ne pas ignorer la loi, c'est la connaître ; pour la connaître, il faut au moins savoir la lire

C'est donc pour ôter tout scrupule au magistrat qui condamne un inculpé que le législateur veut, avec raison, l'instruction obligatoire; dès lors, celui qui viole la loi ne peut plus se réfugier derrière son ignorance.

L'instruction primaire que doit recevoir tout citoyen d'une nation libre — au point de vue purement politique,—se divise en deux catégories.

La première comprend la Lecture, l'Écriture, les Eléments de la Langue et le Calcul.

La seconde, et c'est celle sur laquelle il est important de fixer l'attention, comprend la Religion, le Droit civil, et le Droit politique.

La société, sans se préoccuper des diverses formes (catholicisme, protestantisme, judaïsme, etc.), sous lesquelles le culte de la morale est enseigné, doit avoir une religion d'état renfermant tous les préceptes moraux capables d'inspirer l'amour du bien et du juste.

Or, comme l'application de ces préceptes moraux implique une hiérarchie de perfections au sommet de laquelle est placé l'idéal, il est nécessaire de donner la solution scientifique de cet idéal qui résume en lui toutes les perfections (1).

[1] Je vois d'ici bien des matérialistes sourire d'incrédulité; cependant, eux, qu'ont-ils édifié de solide et de durable ? Rien ; bien plus, quand on tire les conséquences logiques de leurs principes, et qu'on leur dit est-ce cela que vous voulez : le pillage, l'orgie, la putréfaction et la décomposition du corps social ? ils reculent d'horreur en disant : Non, nous sommes les amis de l'ordre, de la morale, du progrès.

Le matérialisme est un instrument qui a été créé pour détruire le colosse catholique : quand celui-ci sera mort, celui-là perdra sa raison d'être et disparaîtra.

Nous jetons ce défi au matérialiste, certain qu'il ne pourra jamais être relevé : Si vous possédez la vérité pleine et entière, constituez l'ordre social sur les principes que vous proclamez.

Les théories ne sont bonnes qu'autant qu'elles sont praticables ; or, nous démontrerons, dans nos travaux postérieurs, les absurdités et les contradictions du matérialisme, nous démontrerons, scientifiquement, les grands et immortels principes qui forment les assises des sociétés modernes nous ne nous appuierons pas pour prouver, par exemple, l'existence d'une intelligence supérieure et l'immortalité de notre individualité, sur les spiritualistes les plus estimés, mais, ce qui étonnera et confondra les partisans des d'Holbach, des Buchner, des Gavarret, des Littré, sur les *travaux scientifiques* des matérialistes les plus distingués.

Nous prouverons que jamais spiritualiste n'a soutenu sa cause avec des arguments plus forts, des preuves plus irrécusables et plus concluantes que celles qui nous sont fournies par les autorités matérialistes.

Qu'on le sache : nous ne prétendons point soutenir un système ou un culte, un dieu ou un autre, nous voulons démontrer la vérité absolue.

Il va sans dire que cette religion d'état ne doit contenir aucun dogme de foi. Libre à tout citoyen de se rallier à la forme qui lui convient.

Les cultes ne doivent être libres qu'autant que chacun d'eux renferme les principes moraux de la religion d'état ; il est clair qu'on ne peut tolérer une église qui enseigne la débauche et l'immoralité (1).

Les rudiments du droit civil et du droit politique doivent compléter l'enseignement ; avec cela on fait, si non un savant, au moins un homme qui connaît ses droits et ses devoirs, et capable de se prononcer dans le grand conseil de la nation.

Le second devoir du citoyen, c'est de maintenir l'ordre, de dénoncer l'abus et la licence. C'est de donner sa fortune, sa vie même, si la patrie en danger réclame ce sacrifice. C'est enfin de faire respecter et d'obéir aux décrets émanant de la souveraineté populaire.

Quand un peuple s'est prononcé sur la forme de son gouvernement, quand un collége électoral a fixé son choix, quand une commune a proclamé son maire, c'est un crime de se révolter contre de tels arrêts, et de vouloir les casser. Les pénalités les plus sévères, les châtiments les plus rigoureux doivent être infligés aux citoyens qui seraient assez peu patriotes pour tenter de faire prévaloir leurs opinions par la ruse ou par la *force*.

Le citoyen est une partie de cette réunion de volontés, qui constituent l'unité collective, qu'on nomme la voix du peuple, ou plus communément le *souverain*.

Le souverain est le maître absolu, par ce qu'il est l'expression de la volonté générale.

Tout doit donc céder devant cette haute manifestation de la puissance populaire. Vouloir se soustraire à ses arrêts, ce serait se révolter contre soi-même, ce qui est impossible. Le citoyen est un membre qui dépend du corps social tout entier ; comme le corps social à son tour dépend de chacune des parties qui le constituent. C'est-à-dire que dans la société il y a rayonnement de la partie vers le tout, et rayonnement du tout vers la partie, et c'est de cet échange que résultent la réciprocité et la fusion des intérêts. On ne peut porter atteinte à l'intérêt particulier, sans causer préjudice aux intérêts généraux, *et vice -versa*. De sorte, par exemple, que porter préjudice à la fortune d'un particulier, c'est causer un grand dommage à la fortune publique ; parce que, ce que l'on nomme fortune publique, c'est la collection des fortunes particulières. De même que porter atteinte aux intérêts généraux, c'est léser tous les intérêts particuliers sans aucune distinction ; par exemple, la guerre éclate t-elle sur un point de l'Europe, immédiatement la propriété particulière est atteinte et en subit le contre-coup.

[I] Cette importante question de la morale, du droit civil et du droit politique ressortant du cadre de notre écrit, nous ne pouvons, ici, qu'en donner des explications sommaires.

Tout ceci démontre les rapports qui existent de souverain à citoyen et de citoyen à souverain, et prouve jusqu'à l'évidence la solidarité intime qui règle leurs rapports.

Donc, le devoir du citoyen c'est de subir les lois dictées par le souverain, par ce qu'il doit être intimement convaincu qu'elles sont pour le plus grand bien de tous.

Dans une société qui n'a pas atteint ce qu'on peut appeler sa majorité intellectuelle, c'est-à-dire où tous ses membres ne sont pas également aptes à se prononcer dans le conseil de la nation, il doit y avoir des **EXCLUSIONS**. Vouloir transiger avec ce principe, ce serait abandonner la direction de la chose publique à des hommes incapables de se gouverner eux-mêmes ; ce serait consentir à voir les lumières, de la partie capable et intelligente de notre société, s'éclipser et disparaître noyées dans les ténèbres des masses ignorantes.

Il y a donc un brevet de capacité à exiger de tout citoyen qui veut être électeur.

Car, de même qu'un capitaine ne demandera point avis pour diriger son vaisseau à un homme qui ne connaît pas l'art maritime, de même on ne peut demander conseil, sur la direction et l'administration de la chose publique, à un homme qui en ignore même les rudiments.

En un mot, le droit de voter ne peut et ne doit être accordé qu'au citoyen qui, en venant retirer sa carte d'électeur, pourra la désigner et la signer (1), et prouver par là qu'il sait lire et écrire.

Si l'on admet au scrutin les masses ignorantes, le suffrage universel est faussé, et dès-lors il serait beaucoup plus simple de l'abolir, car étant abandonné à la rivalité des partis, il est complètement illusoire ; ce n'est plus qu'un trompe-l'œil qui cache les sourdes menées de ces ennemis de la patrie qui s'appellent les *ambitieux*.

Que chacun y réfléchisse, que chacun pèse cette grave question, et quand il aura délibéré avec sa raison, avec sa conscience, il sentira et comprendra la nécessité de cette sage mesure.

Si les conseils les plus éclairés sont les meilleurs, la question est jugée.

En terminant, qu'il nous soit permis d'attirer l'attention de M. le Ministre de l'intérieur sur un point important : je veux parler de la *propagande électorale*.

Chez une nation dont l'émancipation intellectuelle est accomplie, la propagande ne peut avoir prise sur l'électeur, mais chez un peuple qui a subi dix-neuf ans le joug du despotisme, elle est un danger qui peut fausser la manifestation de la volonté souveraine.

Donc plus de propagande pour le candidat agréable, plus de propagande pour le candidat de l'opposition ; que chacun soit libre de sa volonté comme de son vote.

Nous pensons qu'aux élections prochaines, M. le Ministre saura mettre

[I] L'employé de la Mairie pourra facilement faire subir la première de ces épreuves en présentant à l'électeur deux cartes dont l'une sera revêtue d'un nom différent. Cette garantie est nécessaire, car beaucoup de personnes tracent par routine leur nom sans pour cela savoir lire et écrire. Du reste c'est au gouvernement à entourer ces épreuves de toutes les garanties possibles.

un frein énergique à ces débordements criminels qui sont la ruine des plus nobles causes.

⸺⸺◦◦◦◦⸺

LA COMMUNE

La Commune, c'est la réunion d'hommes vivant sur un même lieu et ayant des intérêts locaux communs ; ou, en d'autres termes, c'est le corps des habitants d'une localité.

La Commune doit avant tout conserver sa liberté de volonté et d'action, et le pouvoir qui voudrait la dépouiller de ce droit imprescriptible, en lui imposant un maire, et des conseillers municipaux qui ne sortiraient pas de ses urnes, serait un pouvoir arbitraire et despotique.

Le maire et ses adjoints doivent être à la commune ce qu'un président et ses ministres sont à la nation : des fonctionnaires auxquels le corps des habitants confie la direction des intérêts généraux, et l'exécution des mesures conservatoires.

. De même les conseillers municipaux doivent être au corps des habitants ce que sont les députés au corps social : des représentants de la commune chargés de prendre les mesures d'intérêt local et de veiller à leur bonne exécution.

Pour nous résumer, l'organisation de la commune doit être la miniature du gouvernement du peuple par le peuple.

Le maire, l'adjoint et les conseillers municipaux doivent être élus par leurs concitoyens.

Les électeurs doivent fixer leur choix sur les plus honnêtes et les plus capables. et non, comme cela se pratique souvent, sur les plus chaudement recommandés et les plus riches ; car, du moment qu'il s'agit de nommer des hommes chargés de la défense de nos intérêts, ils ne sauraient être ni trop capables ni trop intègres.

Si les agissements du Maire et des Conseillers municipaux sont contraires à la volonté générale, les administrés peuvent les révoquer et pourvoir à leur remplacement.

L'élection de ces fonctionnaires doit se faire au scrutin secret, de cette façon on évitera les intimidations et les rancunes.

Car il faut bien avoir à l'esprit que l'électeur d'une petite commune n'est pas libre ; les fonctions publiques étant presque toujours recherchées, briguées, par les rentiers ou gros propriétaires de la localité, ils exploitent à leur profit l'influence qu'ils exercent sur la majorité des habitants.

On fait du vote de tel ou tel une question de devoir ou de reconnaissance.

Les journaliers et les petits commerçants de la commune sont à la merci d'un groupe riche ou aisé.

Tel malheureux votera pour un notable désigné, parce que, s'il s'y refusait, il serait privé de travail et condamné à mourir de faim.

Tel autre est contraint de donner sa voix à son client, car c'est un homme bien posé, qui le ruinerait s'il lui était hostile.

Partout l'intérêt général est sacrifié à l'intérêt personnel. Il n'y a que le scrutin secret tel que nous l'indiquerons plus loin qui puisse remédier à un état de choses si déplorable.

Il faut que l'Electeur soit libre de son vote ; sans cela le suffrage universel n'est qu'une amère plaisanterie.

Le régime que nous venons de traverser, en nous démontrant combien il est facile de fausser la volonté populaire, nous a prouvé la nécessité d'une réforme complète et sérieuse.

Donc, plus de créatures du gouvernement à la tête de la commune; mais, des hommes honorables et libres n'ayant avec lui aucune attache et ne relevant que de leurs administrés, qui seuls ont le droit de juger leurs actes, et de les condamner au besoin.

L'élection, pour la députation, du candidat officiel offre les mêmes excès, bien que, sur une plus vaste échelle, le même moyen doit les primer.

Du moment que le maire ne dépendra plus de l'administration centrale, elle n'exercera plus aucune influence officielle sur la commune, parce que le maire n'étant plus le valet du pouvoir, ne briguera plus, par de lâches complaisances, l'honneur d'en mériter la livrée ; le ruban rouge ne lui troublera plus l'esprit, il sera libre, lui aussi, et restituera à son tour à ses administrés cette autonomie sans laquelle rien de durable et de prospère ne peut se fonder.

En terminant ce chapitre, qu'il nous soit permis de dire un mot sur la délimitation des circonscriptions électorales : C'est qu'on doit *toujours grouper ensemble les intérêts de même nature*, afin qu'il y ait unité de vues dans les demandes d'améliorations auxquelles le gouvernement peut donner satisfaction.

LE SCRUTIN

Quel que soit l'objet de la délibération soumise aux Electeurs, le scrutin doit être secret, autrement il n'est pas libre ; en outre, il doit offrir toutes les garanties de **contrôle** que réclame un acte de cette importance.

Il faut que tout citoyen puisse s'assurer *facilement* que les opérations du scrutin se sont faites **SANS FRAUDE**, en un mot que son bulletin n'a été ni remplacé ni supprimé.

La loi du 15 mars 1849 n'offre à cet égard que des garanties incomplètes.

Par exemple, il est impossible à un électeur de s'assurer si son bulletin a été pris en considération, ou s'il a été frauduleusement supprimé ou remplacé, par cette raison que ces bulletins étant confondus, l'administration ne peut les soumettre après le dépouillement du scrutin, à la vérification particulière de chaque votant.

Les citoyens, conformément aux prescriptions des articles 48, 49 et suivants de la loi précitée, exercent un contrôle, qui, jusqu'à un certain point, peut répondre de la loyauté des opérations ; mais ce contrôle, de l'avis de tous, est insuffisant, par ce qu'il est rare qu'il soit rigoureusement exercé dans les villes, et qu'on sait qu'il ne l'est jamais dans les campagnes ; le fût-il, qu'on supposerait encore des supercheries de la part de l'administration.

Le mode de vote suivant offre toutes les garanties désirables, c'est-à-dire : *secret, sécurité* et *simplicité* ; nous pensons qu'il est utile de le soumettre à l'attention des autorités compétentes.

1. Chaque collége électoral devra avoir un nombre de bulletins à souches, reliés en volumes, correspondant exactement au nombre d'électeurs inscrits sur les listes.

2. Ces bulletins et leurs souches devront être en papier blanc; ils ne porteront aucun nom, aucune indication.

3. Chaque bulletin et souche porteront un même numéro d'ordre.

4. Ils seront estampillés *à la main* ; de telle sorte que la marque apposée portera moitié sur l'un moitié sur l'une.

5. Cette opération terminée, on détachera tous les bulletins qu'on enfermera isolément dans de petits étuis qui seront placés dans une roue à loterie.

6. Au moment où les citoyens viendront retirer leur carte d'électeur, on remettra à chacun d'eux un des bulletins pris dans la roue et revêtu de son enveloppe.

7. L'électeur qui voudra vérifier son vote prendra exactement, en dehors de la salle, le numéro de son bulletin, inscrira sur celui-ci le nom du candidat de son choix, et, l'ayant plié, le remettra aux mains du président, qui le déposera dans l'urne.

8. Quand les opérations du scrutin seront terminées et que le résultat en sera proclamé, l'administration devra réintégrer chaque bulletin à son ordre numérique et à sa souche correspondante. Ce travail terminé, elle mettra ses livres reconstitués à la disposition du public, qui pourra exercer son *contrôle* ; c'est-à-dire que chaque électeur aura la facilité de se rendre un compte exact des opérations électorales ; il retrouvera son

bulletin à son numéro d'ordre, et pourra se convaincre que tout s'est fait avec la plus grande impartialité.

Il suffirait d'abroger les articles de la loi du 15 mars 1849 qui formeraient double emploi avec les dispositions précédentes, pour avoir ces garanties sans lesquelles il sera toujours possible de suspecter la loyauté des personnes chargées des opérations électorales.

LE DÉPUTÉ

Le Député est un représentant chargé des intérêts généraux et locaux d'une fraction de la nation.

A ce titre, il dépend de ses électeurs comme un ambassadeur de son gouvernement, comme un gérant de son patron ; enfin, comme tout homme qui accepte une mission quelconque.

Comme à tout mandataire ses pouvoirs doivent être définis et limités. Il doit posséder une procuration de la fraction du peuple qu'il représente ; cette procuration se nomme **Mandat impératif**.

On vous dira : Le Député ne relève pas de ses électeurs, mais seulement *de sa conscience*; ce n'est pas lui qui doit se rallier aux idées de ses électeurs, ce sont eux qui doivent se grouper autour des siennes et mille autres lieux communs.

Et d'abord qu'est-ce que la conscience ?

C'est une abstraction, c'est-à-dire une chose qui ne peut se mesurer, se déterminer, qui n'a ni formes définies, ni stabilité. Telle conscience qui paraît étroite, sous l'influence de certains courants, devient d'une élasticité prodigieuse; pour n'en citer qu'un exemple, celle du pur, du sincère Ollivier ! ou d'un Prévost-Paradol.

C'est la main sur la conscience, et les paroles les plus sincères à la bouche, que ces émules du président Bonaparte ont opéré leur volte-face

Croyez-vous donc que l'évolution de ces hommes dévoués, d'abord à la République, ensuite à l'Empire, n'ait pas lésé les intérêts qu'ils représentaient ?

C'est absolument comme si l'on disait que M. l'ambassadeur un tel, accrédité auprès de tel souverain, au lieu de remplir la mission dont son gouvernement l'avait chargé, a livré son maître et son pays, en donnant toutes les indications possibles pour assurer le succès d'une invasion, et que l'envahisseur, pour récompenser de si généreux services, l'a attaché à sa personne en qualité de haut dignitaire.

Ici l'ambassadeur a trahi son roi, son pays, là le député a trahi ses électeurs ; au point de la justice et du droit il n'y a aucune différence.

Pourtant, le roi trahi pourra destituer son ambassadeur, et, s'il le prend, exercer contre lui de sévères représailles ; tandis que le collége électoral qui aura élu cet infâme député, non-seulement ne pourra pas le destituer, mais encore il le subira comme représentant, jusqu'à l'expiration légale de son mandat, et il aura la douleur de le voir chamarré de croix et couvert d'honneurs, étaler , avec insolence, sa honte et son infamie.

Un tel état de choses ne peut durer ; le peuple ne peut être plus long-temps le jouet de ses représentants. La députation pour le grand nombre n'est qu'un marche-pied pour arriver à la fortune et aux honneurs ; il faut que le peuple ait des moyens de se garantir contre de pareilles trahisons; il faut qu'il puisse juger, révoquer un député indigne et en réélire un autre à la place; sans cela, il n'y a pas de suffrage universel, il n'y a pas de volonté souveraine, mais une grande nation livrée à un parti de menteurs et d'ambitieux.

MM. Gambetta et Rochefort ont tellement compris ce droit imprescriptible du peuple, qu'ils ont accepté avec loyauté et franchise le *mandat impératif*

Ils ont compris le grand honneur qu'un groupe de citoyens leur faisaient, en les chargeant de la défense et de la direction de leurs intérêts

Ils n'ont pas cru déchoir, en acceptant un cahier des charges, et en se faisant les interprètes, les avocats du peuple.

On peut dire aujourd'hui avec certitude que le candidat qui refuse de signer un engagement vis-à-vis de ses électeurs, a l'intention de les vendre et de les trahir.

Car l'homme qui promet verbalement de remplir un engagement, le signera sans scrupule , *s'il est honnête.* S'il s'y refuse, c'est qu'il espère qu'à la faveur de ses protestations, de ses serments, il pourra vous exploiter et vous voler.

Donc, le mandat impératif ne peut effrayer que • les parjures et les traîtres ; c'est justement pour ceux-là qu'il est nécessaire, car les purs et les honnêtes, ne voulant que les intérêts de leurs électeurs, l'accepteront sans récriminations.

Le mandat impératif se divise en deux parties : la première doit comprendre les intérêts généraux, tels que : Liberté de la presse, droit de réunion, instruction obligatoire et gratuite, etc.; la seconde, les intérêts locaux ou de la circonscription, tels que : Création de voies ferrées, de routes, de ponts, etc.

Il doit, en outre, contenir un paragraphe spécial, pour laisser la liberté d'action au député, chaque fois qu'il s'agira d'une mesure ou d'un cas particulier non prévu par les rédacteurs du cahier des charges.

Il doit y être stipulé si le député doit se rendre aux injonctions d'un électeur ou d'une majorité.

La raison le dit : Le Député ne peut être appelé à la barre de ses électeurs, qu'autant qu'il y est assigné par la moitié plus un du nombre de voix qu'il a obtenues.

Cette injonction devra se faire régulièrement et par voie de commissaires délégués et munis d'une assignation, portant le nombre voulu de signatures.

On devra laisser au député le temps moral pour préparer sa défense.

Il ne devra être assigné que par ses *mandants*, et non, comme cela s'est fait, par les premiers électeurs venus.

Agir autrement, ce serait compromettre la bonté du mandat impératif et tomber dans des excès comme nous en avons vu se produire dans une salle de Belleville, où quelques députés de la gauche s'étant rendus aux injonctions de trois enragés clubistes, ont été insultés et bafoués.

Les électeurs qui croiront devoir demander à leur représentant des explications sur sa conduite, devront se réunir et procéder à l'élection des membres d'un jury choisis dans leur sein, qui sera spécialement chargé de le juger.

L'arrêt prononcé sera sans appel ni pourvoi.

Il sera nécessaire que l'autorité supérieure donne force de loi aux décisions de ce jury.

Si l'inculpé est destitué, les électeurs convoqués immédiatement par le gouvernement se réuniront dans leur collége à l'effet de réélire un autre député.

Voilà, à peu près, les paragraphes, concernant la justice du peuple, qui doivent figurer dans le cahier des charges, et être acceptés et signés par nos mandataires.

Avec de telles garanties, nous aurons une chambre, qui sera, *pendant toute la durée de son existence*, la photographie exacte de la volonté souveraine.

LA LOI DU SUFFRAGE UNIVERSEL

Maintenant que nous avons étudié les diverses parties qui constituent la libre application de la Loi du Suffrage universel, il va nous être facile d'en faire la synthèse.

La capacité de l'électeur jointe à la liberté absolue de ses délibérations, sont les conditions de l'autonomie des peuples.

L'électeur est une partie, un membre du grand tout qu'on nomme *Souverain*.

Il est nécessaire, pour que le souverain ou peuple soit le maître absolu de ses destinées, que chacune des parties qui le constituent ait *sa liberté d'action* ; sans cela il n'y a pas plus d'électeur que de souverain, il y a une nation d'esclaves sans unité comme sans volonté.

Les garanties qu'exige la manifestation de la volonté souveraine sont donc :

1° Dans la capacité de l'électeur ;

2° Dans la bonne organisation de la commune, dont les administrateurs ne doivent relever que des habitants.

3° Dans l'application du scrutin, avec moyens de contrôle.

Et 4° dans l'application du mandat impératif à tous les mandataires du peuple.

La loi du suffrage universel exige cette série de garanties, pour manifester exactement toutes les énergies, toutes les volontés de la nation.

Je suppose : 1° qu'on veuille supprimer le brevet de capacité exigé de tout citoyen qui veut être électeur; immédiatement la volonté consciente est noyée par l'ignorance et l'inconscience ; le suffrage est anéanti parce qu'il est livré à la corruption et à la propagande des partis qui se disputent les lambeaux du pouvoir.

2° Que la commune soit administrée par les créatures du gouvernement, immédiatement la pression administrative exerce sa pernicieuse et funeste influence; les timorés, les obligés, tous les malheureux, en un mot, qui dépendent. par leur commerce ou leur emploi, des chefs de la commune, sont paralysés, et leur vote est ce que M. le Maire veut qu'il soit.

3° Que le scrutin, comme celui qui est prescrit par la loi du 15 mars 1849, n'ait aucun moyen de *contrôle*.

Il arrive que le vote des électeurs est abandonné aux tripotages de l'administration.

4° Que le mandat impératif ne soit pas appliqué aux représentants du peuple.

Immédiatement les ambitieux avides d'honneurs et de richesses affichent le plus pur libéralisme, jurent sur leur honneur qu'ils ne déserteront jamais la cause du peuple, qu'ils endureraient plutôt mille morts ; une fois qu'ils sont nommés, vous les voyez tourner la main sur la conscience.

On le voit, ces quatre mesures ont une relation intime entre elles ; elles sont comme les anneaux d'une chaîne sans fin; ôtez-en un, tout se rompt et se détruit. Elles forment un tout, une synthèse parfaite sans laquelle il n'y a pas de manifestation de la volonté souveraine ; par conséquent, pas de gouvernement du peuple par le peuple.

Qu'on le sache donc bien : le problème de l'organisation sociale est dans l'application de la loi du suffrage universel, car de l'application de cette loi ressort la volonté du peuple.

Et les députés librement élus qui viendront former la Constituante seront les véritables organisateurs que la France aura choisis, car, elle s'exprimera par leur bouche, elle pensera par leur cerveau, et c'est alors seulement qu'on pourra dire que la France est maîtresse de ses destinées.

Auguste NOURY.

Le 15 septembre 1870.

Saint-Malo. — Emile RENAULT imprimeur.

9 782014 039375